AF599718

Los labios rojos de ellas y otros poemas

Este libro ha sido impreso con papel 100% reciclado.

lasturaediciones.com / info@lasturaediciones.com

Colección Alcalima, n.º 252
Dirige la colección: Isabel Miguel

Editado en Madrid, España.

Primera edición: julio, 2025

Depósito Legal: M-15723-2025
ISBN: 979-13-990447-7-5

Impreso en Antequera, Málaga (España)

Fernando Sarría

LOS LABIOS ROJOS DE ELLAS Y OTROS POEMAS

Colección Alcalima de Poesía N.º 252

Los labios rojos de ellas

Está viviendo con un muchacho que le ofrece a su alma una habitación vacía y gozo a su cuerpo.
L. Cohen

Desde que aprendimos a dejarnos mis manos han cobrado un temblor desconocido, casi imperceptible. Se nota cuando sostengo un vaso medio lleno de ginebra. Ella sabe que siempre la he preferido a otra bebida alcohólica.

Tropiezo con algunas cosas suyas en el armario y recuerdo su cuerpo. Le sentaban tan bien esos vestidos; no sé qué hacen todavía aquí, como también algunos de sus perfumes, sus cosas del baño. Seguramente, cuando ha venido a buscar sus objetos ha ido tan deprisa, por miedo a tropezarse conmigo, que ni se ha dado cuenta, pero aún le quedan bastantes por recoger. Debajo de la almohada sigue estando la vieja camiseta que usaba para dormir. Huele a su sueño. Me gusta olfatearla.

Un día de estos la llamaré. Meteré todo lo suyo en una caja y se la dejaré en la portería. Me dijo que no quería volver a verme, y yo, con sus deseos, siempre he sido extremadamente cuidadoso.

El día va derrumbándose. Yo me hinco de rodillas al lado de ella, junto a la oscuridad tibia de su piel. A la luz de las velas, puedo sentir su mirada brillante. Mis labios, húmedos sobre su cuerpo, pronuncian sin voz su nombre.

Quizá la noche traiga ese caer de astros fugaces que den luz al jardín, y entonces, bajo el silencio de la verdad, fundidos los dos como la línea azul de la marea, lleguemos a saber la forma de tentar al mundo con nuestra mortalidad.

He construido un mundo sobre el silbido impenetrable de los afiladores y las calles húmedas bajo una sutil lluvia sempiterna. Subiendo las escaleras, donde la noche prende como ángaro, todos los demás sonidos se desvanecen en un susurro silencioso, la brisa inabarcable del verano que pronto asomará su perfume de rosas y jazmines. Ni siquiera cantan los pájaros a estas horas, en que solo se sostiene el quehacer del mirlo despidiendo la luz, solitario, indómito en su propia atalaya, conduciendo hasta nosotros el vaivén de los astros.

Aquel niño triste de lágrimas ya no existe. Pero vuelve con el recuerdo del silbo de los afiladores, que regresan en sus bicicletas, durante algunos anocheceres, desde el Oeste para devolver a mi memoria sus viejas melodías, sus historias de viajes, la fantasía de bosque y caminos, aquel olor fuerte al humo del tabaco de picadura entre sus manos.

Vuelvo a contarle esas viejas historias y ella sonríe, murmura que las conoce desde hace tiempo, pero que no le importa escucharlas una vez más, si se las cuenta el niño, el que ya no existe.

Bajo nosotros se agita el verbo, sus signos dibujados en la piel como nuevas sílabas de algún idioma nunca olvidado. Gira el viento y trae la lluvia, como si fuera uno de esos recodos donde nos demoramos, ojeando los oteros y sus horizontes de nubes blancas y la lumbre del largo crepúsculo.

Yo estoy en silencio bajo el aguacero. Sus dedos pequeños escriben sobre mi piel un largo y lento párrafo, que acaricia y eriza cada poro. Luego, la tarde estalla desde el silencio hasta la algarabía de los pájaros que remueven el viento. Creo que ellos conocen nuestros pensamientos, saben que a lo mejor no hay un mañana al que podamos acudir.

Entibia dulce el corazón el recuerdo del olor al partir una hogaza de pan recién hecho. Se parece a la belleza que crece en mí, desde el silencio, cuando la contemplo y la escucho leer a los poetas del veintisiete, tan amados.

Huelen ahora a sándalo mis manos, intensamente, luego retendré en ellas el perfume a jazmines. No tendrá que preguntarme a dónde voy. Ella sabe que es para mí todos los caminos.

Estoy sentando en el banco de madera del patio. Corre el agua, y el pensamiento recorre pasadas primaveras en las calles de Europa, en las plazas de Roma, Venecia, Lisboa, Budapest, Atenas o París. Acaso no volveré a muchos de esos lugares, ni siquiera en soledad. Afianzo los recuerdos que se atropellan dentro de mí, porque son hermosos y son valiosos. Desde que aprendí que contemplar es mucho más que mirar, una y otra vez tengo la impresión de que únicamente cuando la miro todo puede cambiar.

Despierto contando las horas en un reloj lejano. Ahora sé bien de estas mañanas oscuras de humedad y nubes grises sobre el páramo. Enhebro mi voz al quehacer del viento. Descanso en mí mismo de todo cuanto he ido aprendiendo, aunque siga atesorando la inocencia y la ignorancia que me permite el mundo. Quizás no haya más que aprender.

Podría preguntarme tantas y tantas cosas, tan diversas, que, en realidad, ni esas preguntas ni sus respuestas pesan demasiado como para que, al levantarme por las mañanas, el café del desayuno sea amargo y la tostada de pan integral me parezca insípida, por ejemplo. Cosas tan pequeñas que me rodean y son mi tiempo y mi historia. El tiempo, qué sutil y definitiva verdad, una soga silenciosa cuyos nudos van cerrando pasos, palabras, incertidumbres.

No temo desarmarme ante la luz de sus ojos. Pero no quiero sucumbir tan pronto, mientras el horizonte se ve azul y nubes grises corren veloces en el cielo.

Recibo su amor como a las tardes de verano, lentamente, aguardando los rescoldos de luciérnagas en las yemas de los dedos, en silencio.

Me gusta escuchar el sonido del viento en las hiedras que cubren el muro, su remover de las copas de los árboles reverdecidas, que ascienden hacia lo alto esperando mi mirada. Sin embargo, pongo música, un viejo LP de Leonard Cohen, y me parece que el tiempo se ha detenido para que mi memoria reproduzca aquel concierto que tanto me conmueve.

Es tan sencilla a veces la felicidad que no sé por qué la pensamos como una quimera imposible.

Bajo la oscuridad de la luna nueva, los astros inundan mis ojos a través de la senda del universo, casi a ras de tierra. Reconozco algunas huellas de las estrellas, según la estación del año. Conversamos quedamente, como si elevar la voz fuera un sacrilegio ante tanta belleza. Acaricio su cabello, sus manos pequeñas están un poco frías y en cada sonrisa suya brilla el reflejo de su mirada, que permanece en la oscuridad.

No sé qué hora es. Tal vez sea esa en que nadie habita a nadie, esa en la que solamente los amantes permanecen, como una foto fija de cada uno en el otro, un cálido abrazo invisible, inevitable, que anuncia las suaves noches de verano.

La eternidad de los astros es su distancia, la luz que recorre el tiempo sembrando presagios sobre nuestro mundo. A nuestra soledad de amantes y mortales le sienta bien este magma deslumbrador que nos abre un nuevo paisaje, un instante de vida.

Frente a cuanto se va llevando tras de sí la tarde, siempre crece un aroma, la nostalgia de la primavera cuando ya está cuajada de luz. Desde lejos llega la tormenta y voy contando los segundos que separan cada relámpago del trueno. Calculo la distancia y la velocidad a la que oscurece el día de repente, a la que regresa el invierno bajo un vendaval húmedo que azota sin piedad las copas de los árboles. Sé que la tormenta pasará, pero mientras me rodea me atrevo a reconocer este miedo a no saber si los delgados hilos de la respiración, frágiles como la lluvia, seguirían sosteniéndonos a mi vida y a mí, si ella nos faltara.

Todo lo que edificas termina derrumbándose lentamente, aunque tu corazón se empeñe en ampararte en cada pálpito, aunque sepas que ella mantendrá siempre tu respiración. Ignoro si este deambular nocturno por las calles vacías, bajo el intenso frío, me devuelve un poco de entereza, o por el contrario es otra manera de deshacer los ladrillos con que levanto muros para proteger las pocas cosas que he construido, o he creído construir, en la vida.

Por si acaso, previo al derrumbe, rehago mis cimientos. Uso mis manos y pensamientos hábiles para ordenar e iluminar las estancias del interior. Nunca está de más precaverse ante el azogue del viento, las palabras que desliza ese desconocido enemigo de mí mismo.

Desnudos, sentados uno frente a otro en una gran cama de sábanas revueltas, en la habitación de un motel de carretera, fumábamos “un Fortuna con costo” y ya, en medio de la noche, habíamos vaciado el minibar... Ella, de a poco entre calada y calada, iba preguntando:

¿El deseo siempre ha de acabar en sexo?

¿Querer es tener un compromiso?

¿Amar sacia?

Entonces yo mojé en mi boca las yemas de dos dedos de mi mano y muy despacio, lentamente, ascendí por sus vértebras, como pulsando las teclas de una pianola... se erizó, cerró los ojos y gimió muy bajito antes de besarme.

Durante un tiempo largo, no volví a saber de ella. Una noche, en la barra de un pub, mientras bebía a solas un gin-tonic más, escuché a dos conocidos decir su nombre... Quien hablaba arrastraba cierta desolación... Nombrarla le causaba dolor, después de haberla abrazado y besar su sombra azul.

He de perecer entre sus manos. No es de morir este corazón mío, que camina despacio por el jardín y se deja llevar tras el sonido de los pájaros, hasta la altura de las nubes.

Si he de llorar, lo haré. Mis lágrimas no entienden de leyes de física, pueden caer al suelo, entre rosas o margaritas, o detenerse en el aire. Ahora ella aprovecha para desaparecer. El viento que llega y me obliga a cerrar los ojos, no me deja ver con nitidez cómo se va yendo de mi lado, con su silencio. Aunque sienta sus alas de ángel y su túnica blanca me haya engañado tantas veces, sé que es una mujer. Nos hemos mordido en bocas y hombros, nuestros cuerpos sudorosos han sentido gran placer, recuerdo sus susurros soeces cabalgándome. Pero yo me someto a su imagen confusa, dura, pero frágil, siempre angelical.

“Volveré por mí sola, sin presiones, o no volveré”, fueron sus palabras al marchar.

Yo sé de muchas muertes que templan el aire, y acaso a ella la guarde en mi memoria, como se hace con las bellas flores secas, en pequeños jarrones, en el centro de la mesa de madera. No es un altar, solo un recuerdo de un tiempo de paso.

Todo mi corazón se habita de raíces. Crece el temor, y espero, sueño, aquello que no volverá a pasar, porque entre mis manos se ahonda un abismo que no puedo abarcar. Es insoportable esta lluvia que golpea sin saber por qué, tanta intemperie. No hay lugar donde esconderse. Nunca en realidad lo hubo. Pero incluso el desamparo tiene su propio escenario y un futuro incierto en el que imaginarse. Vuelven las viejas canciones, vuelvo a este círculo, al lendel que rehago insistentemente bajo mis pasos, cuando lo demás es vacío.

Volverá, o no. Quizás sea lo de menos. Tal vez, la victoria sobre la desolación consista en reconocer sin más que hasta la primavera regresará con sus mejores galas ante mis ojos, antes de inmolarse de nuevo en las hogueras de San Juan.

Salgo de la palabra para caer en la nieve, para buscar, volcado en ella, la sombra del sol y la huella del ángel. Hurgo en cada letra buscándola, como si aquel día de marzo hubiera sido el otoño de mi vida y lloviera sobre nosotros una lluvia interminable.

Este instante de lejanía abre ante mí un nuevo estado. Tanta desgracia apenas puede ante mis poros cerrados. Mi soledad es un manifiesto, como lo fueron las palabras pintadas con tiza roja sobre las pizarras de color verde oscuro, o a brochazos de pintura negra en las paredes y muros blancos y grises, cuando mis sueños gritaban con hambre a la vida.

No hay momento seguro donde reposar. Uno es siempre el solitario viajero de su propio destino. Basta saber que nada te espera sino hacer el camino. Algunas veces tender las manos y, en esos días de remanso, acariciar las horas y tal vez, si regresa o vuelves a encontrarla, contemplarla y guardarle el silencio que se merece.

He dejado caminos abiertos, como conversaciones en estaciones y aeropuertos... Siempre contemplo esos asientos vacíos de las salas de espera, a donde llegas sin más preámbulos, sólo esperando escuchar el anuncio metálico del altavoz: qué puerta, qué vía, cuántos minutos para empezar el próximo viaje.

La vida también tiene esos lugares de espera, algo difíciles, pero insoslayables, cuando se ha de partir. Tal vez, conforme el tiempo avanza, aparecen más a menudo. Ya no me causan aprensión, ya los acepto, y sé que amo la vida, a pesar de lo terrible. Todos mis sentidos siguen queriendo cuanto alcanza de bueno el día a día de seguir respirando.

Ella reunía varias historias en su vida. Nunca me hablaba de ellas, ni yo, por prudencia o miedo a enojarla, jamás le pregunté. Tampoco nunca me mintió. De vez en cuando venía a la ciudad. Eran días de cielo azul y fuerte viento, como su pasión en la cama en noches que todavía recuerdo. Durante tres o cuatro semanas buscaba mis brazos, me hablaba con la tranquilidad de la costumbre y lo cotidiano. Conseguía que yo no pensase en cuánto tiempo iba a quedarse.

Desmontaba la casa, cambiaba de lugar los muebles y los objetos, y siempre añadía un nuevo pequeño búho de cristal, de cerámica o metal, que aumentaba la colección junto al equipo de música. Llenaba los jarrones de margaritas de colores, para crear alegría y luz, decía, mientras alzaba hasta arriba las persianas. Su presencia brotaba de cada uno de los sesenta metros cuadrados de aquella buhardilla con terraza, como diciéndome que sin ella mi vida no era más que oscuridad.

No recuerdo bien cuando dejó de venir... porque, aunque la eché de menos, siempre pensé que ella volvería. Pero un tiempo después recibí una postal en la que aparecía el monte Fuji de Japón bajo un corazón atravesado por una flecha y la marca de sus labios rojos en el reverso... su firma y nada más. Curiosa manera la que tuvo de decirme adiós.

Así que, a veces, cuando sopla el viento racheado en el cielo azul, sigo acordándome de ella, y echo una mirada desde la terraza a la calle. Esperando no sé qué.

Si abrazo la mañana puedo sentir la luz, el primer canto del mirlo, la línea casi a cuchillo donde se despereza el día inundando lentamente cuanto todavía perdura en la sombra.

Guardo silencio y sigo los cantos de los pájaros que van llegando al jardín. Vienen a beber y a comer el grano que les dejo. Fue ella quien me acostumbró a cuidar de estos pequeños habitantes de la mañana y el jardín. En la primavera me gusta sentir su levedad huidiza entre la hiedra y las flores, su ligereza, la viveza con la que toman todo lo que pueden, como si fueran encontrando diminutos tesoros.

Todo es soportable cuando nada esperas. Leo demasiados poemas de poetas muertos, y alguno demasiado viejo, como para reconocerme en ellos... Acaso esta inquietud debería traslucirse en mi cuerpo, sin embargo, permanezco tendido en la sombra, bebiendo café, y apenas muevo un pie o una mano... Aunque, al pasar las páginas, percibo el sonido sordo e inconfundible... El ritmo de los versos en mi mente.

No albergo esperanza, ninguna esperanza, pero si alguien me interpelara sobre cualquier cosa del mundo hablaría con vehemencia, dejando que una sonrisa asomara a mi boca. Soy bastante cínico, es cierto. Entre mis posibles virtudes, la sinceridad ha perdido muchos enteros. Pero, a menudo, es mejor dejarle a tu interlocutor un poco de aire para respirar, ¿qué necesidad de amargar a quien de buena fe vino a escucharme?

Voy dejando los verbos en las orillas de la gramática. Me siento débil cuando renombro su cuerpo, como sucede al decantar las emociones que produce la tormenta: el remolino de su perfil en mis dedos, su piel tibia siempre expectante.

Sigo hurgando dentro de mí, en lo hondo y lo oculto donde me resguardo del diario estremecer de pensarla, como si las horas no tuvieran solo sesenta minutos, como si contuvieran un rescoldo de luz que alargará en un instante eterno el saberla junto a mí.

Me levanto de la cama. Ella duerme, porque su sueño sigue meciéndose en mi mirada. Procuro no hacer ruido y salgo al jardín. Amanece, la lluvia de la noche ha dejado una brisa fresca. Todo está tranquilo. Mientras bebo caliente el café, a sorbos, concentro mi mente para guardar todos los detalles de la última noche.

Frecuento una particular relación con el insomnio. A mitad de noche me despierto, y en plena oscuridad suelo pensar y rememorar sucesos pasados, acontecimientos por llegar. Muchas veces conecto la radio, porque su soniquete suele ayudarme a dormirme de nuevo. Pero, otras veces, relampaguean, sin esperarlos, algunos versos lúcidos, que digo sin voz, pero rotundos, y que debo memorizar o escribir con urgencia, como si no hubiera mañana. Esto me altera y al mismo tiempo me serena, porque es una razón para desgajar la oscuridad que siempre amenaza el corazón. Un arma luminosa cada pequeño poema que se afirma, no importa si transpira tristeza.

Hay noches que me levanto temprano al amanecer, para esperar las formas que van recuperando las calles, los edificios y, bajo la luz eléctrica tras las ventanas, los primeros gestos del día de quienes han de ir a trabajar. De repente, todo recobra vida aceleradamente. Escucho los pájaros, los automóviles, el tranvía puntual, y ella aparece en pijama en el salón, mirándome como si no me conociera. Sonrío, la vida ha regresado, aunque justamente entonces sea cuando yo retornaría al sueño, ajeno al ritmo común del día a día, en busca de mi propio tiempo de descanso.

No he querido convertirme en su paisaje cotidiano y, sin embargo, cuando me mira sabe recorrerme como si estuviera caminando por un campo conocido.

Quiero que me desconozca. Retrocedo a lo más oscuro del bosque, para que llegue despacio, temerosa a lo incierto, no sabiendo si sus pies se mojarán en los veneros invisibles, o si el aroma de los árboles contra el viento le recordará a cuando navega sobre mí en busca de mareas que solo ella conoce.

Siembro el aroma del incienso, agito el sándalo, el espliego, el olor a jazmín, el ancestral membrillo, edifico un laberinto en el que a ciegas piensa en mí, pero en el que no me reconoce, mientras las llamas de las velas que rodean la cama solo muestran líneas de fuga para su mirada intensa.

Esas verdades absolutas de un cuerpo y de otro cuerpo, solamente ceden ante las huellas en la nieve, que he dejado para que intente encontrarme, para que sienta la urgencia de quedarse y tomar de nuevo posesión de un territorio en el que cree encontrarse a salvo.

Un logaritmo se escribe en una pizarra. Y vuelvo sin remedio hasta la adolescencia, ese lugar inhábil al discernimiento, pero colmado de esperanzas. Es dura la realidad. La meta está siempre más allá, tras la siguiente quimera, tras la trinchera donde ocultamos lo que duele.

Pero está la memoria. El tiempo prende luz, no olvido. Acaso aceptación. Todo amor que fue está siempre, y siempre alguien permanece desde el comienzo más cerca del deseo y del corazón. Pero, ojo, que no es sino otro mito de la poesía, como una sustancia más, pero inofensiva, siempre que sepas no creerte los sueños.

Ando despacio por el hueco de su corazón. Sé que en el quehacer de las noches surjo como esa brisa altana que trae del mar susurros y humedad.

Me hago a sus brazos, al silencio que recorre como una luz nuestra verdad. Me hago marea mientras recorro las estancias de su cuerpo, la tierra en la que siembro palabras y metáforas, cuando mis manos la sostienen en el aire y me nombra como a un salmo. Es un milagro demorado en medio de la oscura luminosidad por la que navegamos, enredados uno con el otro, mientras el mundo se ahoga en sus propios sueños.

La tarde del domingo se ancla en mi espalda. Acecha con ansiedad saberme débil ante esta sombra temible e irracional que ha ido viviendo desde niño en mí, como un ahogo que perdura en el tiempo.

La amago con mi silencio, la distraigo, me escapo, intento mirar el cielo, las nubes, escrutar algún canto de pájaro, alterar su ritmo saliendo a caminar, esperando que se haga de noche como si eso me devolviera la respiración.

Ella me mira en silencio, comprende que debe callar, cuando esto aparece, un domingo cualquiera. Y resulta curioso que esta forma de hundimiento renazca en domingo por la tarde. Creo que es un síndrome compartido con otra mucha gente, extraño y doloroso, que pervive impenitente mordisqueándonos el corazón.

Ella prendió una cinta azul al interior de mi chubasquero, cerca de donde estaría mi corazón.

L. Cohen

Esa línea azul asemeja el andar de sus caderas, cuando la observo delante de mí, casi desnuda, ofreciéndome la brisa de su perfume.

Nunca he sido suficientemente valiente para irme. Permanezco arropado en su figura, como la sombra y la luz que trae el medio día al jardín, al cuarto donde la cama aguarda, al lugar donde le leo los poemas o dormita sobre mi hombro, como si el mundo fuera a esperar a que despierte.

Ese instante se hace fuerte en mi corazón. ¿Cómo marcharme? Elijo las certidumbres de su piel, el sonido de su voz, su mirada luminosa, la armadura que abandona a los pies de la cama cuando me busca.

Sobre la nieve recién caída habíamos dejado nuestras huellas, bajo el reflejo del sol en las nubes todavía grises tras aquella última nevada de primavera.

Sus manos frías buscaban el escondite de mis manos, el aliento de mi boca sobre ellas le hizo sonreír, mientras pronunciaba mi nombre varias veces como un pequeño salmo juguetón. Luego callaba, sabía bien que nuestro silencio a orillas de la tarde es un inagotable abrazo.

Volvimos a casa, para calentarnos frente al fuego encendido de la chimenea. Al desprenderse de la ropa de abrigo, reconocí la camiseta que compró en París. Hablamos del pasado, del tiempo que vuela, pero que la memoria guarda ajena a ayer y a mañana.

Nunca sabemos cuánto nos queda de estar juntos. Pero, quizás, este abrazo frente a los troncos de encina ardiendo, perdurará junto a las simples cosas fundamentales de nuestra vida.

He retrasado mi marcha, y aligero mi equipaje bajo un disimulado dolor de corazón. Todo en este lugar habla de días pasados, largos atardeceres de verano, crepúsculos que bañan de rojo nuestra piel. Días de reposo, largas contemplaciones del océano, y una inigualable sensación de ser libres entre desconocidos a quienes nada importábamos.

Sé que seguiré escuchando dentro de mí las olas sobre las rocas, el enojo del mar. Caminaré sobre el sendero de la luz del faro, su llamada en morse que llegaba hasta el acantilado. No siempre la soledad forma parte de tus emociones, pero hace preguntas que raramente sabe uno responder.

Vuelve a mi memoria la noche de San Juan junto al mar, bajo los fuegos artificiales que surcaban a lo lejos el cielo, el ruido trepidante de los petardos abrasando las calles.

Buscamos un extremo de la playa para encender una pequeña fogata. Nos bañamos desnudos, para sentir las olas. La luna jugaba sobre sus hombros.

Acaso fue un sueño. Ebrios de tequila, me cantaba canciones al oído y me acariciaba como si no hubiera mañana. Besé sus pechos, sus pezones erectos, húmedos y salinos. No pude evitar acordarme de la muchacha que Botticelli pintó como Venus saliendo de las aguas.

Gasté todo mi dinero en aquellos días, porque su oficio reinaba sobre su amor por mí.

Era sencillo escribirle con las palabras que esperaba que acariciasen su corazón.

Yo iba ausente de mí mismo hacia la longitud extrema de la oscuridad donde me había perdido.

Un laberinto de imágenes confusas.

Un pasillo en el que resonaba el eco de las voces de infancia.

Peregrinaba mi mirada por los aledaños de la lluvia. Una tormenta que anunciaba un silencio profundo y denso que me ahogaba.

Era sencillo amarla. Prender en su mirada rastros que le anunciaran mis caricias, la luz que llamaba a sus sentidos. Era sencillo desembalar todos los sentimientos si ella se acercaba. La algarabía de pájaros que provocaba si pensaba en ella. Todo cobraba sentido si me nombraba, un aldabonazo retumbando en una vieja casona que resiste al tiempo, acaso esperándola.

Hasta mi sueño siempre llegaba algo de ella.

Descubría su aroma como si pasease por un jardín de plantas aromáticas y de pronto su piel se rozase con la mía. Una extraña forma de sentirla.

Me despertaba al amanecer, pero no quería todavía levantarme.

Me quedaba escuchando cómo respiraba. Casi desnuda, con las sábanas en un barullo, la acariciaba con las puntas de mis dedos, y los olfateaba para reconocer su olor corporal, diferente al de mi sueño, pero lleno de todas las fragancias que traía desde su viaje nocturno.

...siempre que sales de la habitación
un pájaro naranja viene a la ventana.
L. Cohen

No olvido su voz inundando la estancia como una melodía que siempre perdura. Hay veranos que dejan rastros imborrables en la memoria.

La luz que daba forma a las cosas de la casa, cuando ella se empeñaba en que todo fuera parte de un sueño. Susurros que alimentaban el silencio tras las palabras. Aromas que venían del bosque hasta el jardín, durante las largas tardes casi inmutables, al cubierto de miradas, acompasadas al canto de los pájaros, la música, los juegos de cartas.

Y cuando ella se iba, a veces sin saber por qué, desde el cercano galacho volaba un diminuto petirrojo que se posaba en las ramas del magnolio y desgranaba su llamada.

Cuando estaba la mar picada, se apoyaba en mi hombro y, en silencio, escuchábamos cómo rompían las olas y se elevaban sobre los farallones. Casi empapados, sonreíamos, bajo la humedad y el salitre. Todo era perfecto. Los dos solos, completamente vacío el mirador en aquellos días de diciembre. Estoy seguro de que ella tampoco ha olvidado la inmensidad deshaciéndose a nuestros pies, su sonido profundo y poderoso al derrumbarse. Latíamos como uno.

Entonces, como obedeciendo a un resorte ajeno, me besaba con deseo. Sus labios helados y húmedos abocetaban de carmín rojo mi boca y crecía una sensación de mutuo beneplácito, ajeno al estruendo que nos rodeaba.

Siempre dejaba un rastro para que la encontrara.

Yo caminaba indeciso bajo las luces de la noche. Entraba y salía de ciertos sitios donde el humo del tabaco y el pachuli brincaban entre las voces en alto y la música.

Pero siempre reconocía el guion que ella iba urdiendo para que supiera que ya había pasado por allí: un recado a algún amigo común, una canción que se iba repitiendo, su perfume como clave maestra, todo era un karma que me avisaba de su paseo entre las nubes.

Al final, casi al amanecer, si me cansaba o dejaba de encontrar pistas, volvía a casa. Me aguardaba su voz en el contestador, lamentando que esa noche no iba a ser de nosotros dos, porque alguien, a quien no esperaba, se había cruzado con ella rompiendo sus planes iniciales.

Me hubiera gustado que me sintiera en su oscuridad como esa brisa que llega cuando se cierran los ojos. Dibujarla yo también en la penumbra, siguiendo con mis dedos todo su contorno. Cubrir con mi cuerpo su incipiente soledad. Intuir el dolor, el de los dos.

Cuanto persiste entre nosotros de aquel tiempo regresa a muchas noches de verano, largas como son los días en la ciudad deshabitada, encontrándonos en terrazas donde siempre sonaba música, mientras bebíamos cervezas y fumábamos porros arropando con nuestras miradas el silencio del otro.

Debajo de mi vestido ardía un campo con flores alegres como los niños de la medianoche.
A. Pizarnik

Y abría su vestido de arriba abajo, despacio, como cuando se levanta un telón de teatro, para que desde el centro de su iluminado universo viniera a mí la absolución de todos mis pecados.

Porque no era solo la noche y su olor a jazmín entrando por la ventana la que perfumaba el aire de la habitación, ella y su marea traían la brisa del mar entre los pliegues más escondidos de su piel.

He sumado las ausencias a través de las postales amarillentas que conservo. Llegaban siempre por correo aéreo, el más rápido en aquel mundo anterior a Internet, desde Frankfurt, París, Glasgow, Roma, Atenas, o casi desde cualquier parte de Europa, formando un río incontenible que me unía a ella.

Claro que aún recuerdo su cuerpo desnudo, sus pasos en sordina sobre la tarima, prendidos a un par de copas y una botella inexcusable de Dom Perignon, mientras se acercaba para hacerme el amor o follarme, antes de vestirse de nuevo con su elegante traje de directora de recursos humanos de una multinacional, y volver a marcharse, todavía en mitad de la noche, a recorrer aquel mundo, de aeropuerto en aeropuerto. Estaba preparada para interminables jornadas de trabajo, para ampliar oficinas o cerrarlas, para acoger o despedir a quien hiciera falta. Era una mujer dura.

Pero sé que en su piel recordaba la lírica de mis manos, que una cierta luz ponían en los días lejos de mí. Mientras, yo me asomaba a aquellas ventanas abiertas a la vieja Europa, siempre esperando su regreso, como si en verdad no fuera solamente una fantasía suya, una manera de alimentar el latido de su respiración en soledad.

Otros poemas

La escucho en la noche
nombrarme en su sueño.
Es posible que al amanecer
no sepa regresar desde tan lejos.

La vida es el costado por donde el mundo se ama.
R. Juarroz

He dejado en mi memoria
la huella de su mano por mi costado,
la certeza de su caricia
en medio de la noche y el silencio.
Amar cobra su tributo,
perdernos en el otro
fue una meritoria entrega de los dos.
Prendíamos una línea de luz
frente a la oscuridad.
Ahora guardo
en ese lado
su nombre
escrito a navaja
sobre el corazón,
perdurando en mí
como si nunca se hubiera ido.
He dejado para ella un lugar donde el azar,
aunque acabáramos ciegos y mudos,
sabe que podemos reencontrarnos.

Prescindo de hablar de mí.
Adquiero nuevos libros,
dibujo nubes y árboles
en silencio dentro de los poemas.
Quizás podría contar
lo que ya he dejado de sentir.
Pero habría tanto que decir,
que me traería demasiado dolor.
Debe ser que me engaño,
soy muy dado
a creerme mis mentiras
más piadosas.
Siempre nos desnudamos
al escribir.
Hoy he elegido los colores azules de las nubes,
unos pájaros con tonos anaranjados,
son dos pequeñas ces puestas hacia abajo.
¿Será verdad que así las palabras
adquieren el ritmo del vuelo de las aves?

Rebusco un poco
en el lenguaje vulgar de ciertos poetas
con la intención de imitarles
en los pasajes más pasionales de mis textos,
cebando un poco a mi propio deseo.
Pero, si he alimentado despacio las palabras
para que cada imagen se creciera
con sus propias plumas de ave marina,
como albatros reinando en mis metáforas,
ha sido más sin querer
que como un acto reflexivo.
Nunca he admirado más a estos pájaros
que recorren los océanos.
Después de escribir en soledad en el jardín,
bajaba las escaleras
como un furtivo.
Esperaba a que se durmiera,
para bendecir esas horas solitarias
en que a lo mejor soñaba conmigo
mientras yo me inundaba de ella.

Nuestra cama era un colchón pequeño
sobre una tabla en el suelo.
Por la noche, la rodeaba
con un montón de pequeñas velas
que daban luz solo para nosotros.
Sus caricias desembalaban con temor
la eternidad desde este rincón,
donde el amor es simiente y levadura.
Al llegar el día,
aparecían la factura de la luz,
el frigorífico casi vacío,
la fecha, ya vencida, del pago al casero.
Afuera, sólo viento y lluvia.
Pero nada que pudiera arrastrar
a las alcantarillas
los versos de Cernuda, Neruda o Lorca.

El ritmo de los cuerpos cavaba
un espacio de luz adentro de la luz.
A. Pizarnik

Sin quererlo, solo rozándola con la yema de los dedos,
noté desde la primera vez
la tibia suavidad de su piel,
quizás expectante y temerosa
en su cadencia al amarme,
como si el deseo fuera parte de la noche
y yo un eslabón perdido.
Tal vez nunca fuimos
leales el uno con el otro.
En su silencio amainaba mi lumbre,
mi boca dejaba lunas abiertas
en las sendas azuladas de su cuerpo.
Cada amanecer
desvelaba las preguntas sin respuesta
sobre una cama de sábanas revueltas,
la complicidad del último beso,
junto a una nueva cita convenida por los dos,
como un ramillete de flores rojas
tendidas a nuestra esperanza.

Asomado al atardecer,
contemplo desde la ventana el mar,
mientras el ritmo de las olas
deshace la luz.
Me hago de su cuerpo.
Me apoyo en su espalda.
Me sostengo en su piel.
Habitamos juntos
un descenso silencioso
hacia los sonidos ardientes
en que me entrego a ella,
reflejando la lumbre
en su espalda desnuda.
Forjo líneas discontinuas
anudado a sus caderas,
mientras digo en su oído
inconexas palabras
que nunca se pronuncian.

Si he de alinearme con algo será con el paisaje.
Vivir en ese estado enfermizo del contemplar,
escuchar el tañido del laúd
junto a las campanas de medianoche.
Trepo hasta la habitación donde ella duerme
como si estuviera subiendo
a lo alto de una torre,
la respiro, vislumbro
el ángaro de su corazón
que me ilumina
aun en la oscuridad de la luna nueva.

A tientas, ciego, caigo sobre ella sin despertarla.
La acaricio y sostengo
su cuerpo en pleno sueño
con mi estado vigilante,
enturbiados mis pensamientos
por mi acechante y nocturno deseo.

Entonces vuelve y háblame,
dónde está tu consuelo, dónde está tu refugio.
L. Cohen

En donde vengo
apenas queda en pie alguna esperanza,
apenas hay un bosque de coníferas
donde refugiarse,
apenas hay motivos para regresar.
Camino solo por la ciudad
igual que se recorren
los largos pasillos de la infancia,
pero nada ayuda
a esta necesidad de no pensar.
Que el tiempo sea un río,
un remanso, que poco a poco,
se lleve las últimas voces,
las últimas lágrimas.
Desde los vasos vacíos
me ha ofrecido su mano, su abrazo,
caricias que por pudor no voy a nombrar.
Es posible que su mundo sea la noche
pero ella sabe sostener
la luz entre sus dedos de lluvia.
Sudando este reflejo,
mi piel con su piel,
he perdido el sueño,
pero de mi boca ha salido su nombre.

...los labios de la palabra y el silencio
se beben el uno al otro hasta
secarse.
L. Cohen

No hay demasiado que ofrecer
salvo las manos vacías.
Dejar crecer un par de versos
sobre las palabras
que anuncian la llegada del verano,
cierta soledad que surge en mí
al contemplarla despacio,
cuando ella se aleja buscando en la playa
rescoldos de pequeños naufragios,
mientras que yo cierro los ojos,
miro lejos, con la mirada del corazón.

Si he de romper el ritmo de mi vida
que sea así:
un corte sin tacha, doloroso pero limpio,
puro como todo
lo que te hace volver a ser silencio.
No he dejado atrás más que pedazos de mí,
lo normal en toda vivencia rota,
eso ¿a quién le puede importar?
Respiro sobre este incendio apagado.
Nunca sabrá nadie cuanta ceniza
acumulo en mis manos.

Mi mano izquierda no sabe cómo recogerme,
acaricia el envés de la mano derecha,
parece susurrar con su gesto una oración,
una queja ante el vacío.
No hay reposo en esta emoción
que contemplo en silencio.
Podría ser la sensación de pérdida,
ese vínculo roto, seguramente,
en el que ella echa de menos
la pequeña medida de otra mano
y no sabe responder ante el término
perceptible de su soledad.

No sé dónde esconder
eso que algunos llaman alma.
Qué hacer con este símil
de unos veinte gramos que, sin ser un pájaro,
anuncia siempre con voz sonora
la caída de las noches sobre mí.
Guardo cajas donde deposité
las palabras y signos del tiempo,
jeroglíficos y amuletos de toda la vida,
pero no las abro,
me cansa saberme,
me aburro a mí mismo.
Por eso, las metáforas y los poemas
brindan un lugar donde habitar,
sentir lo quebradizo de mi pensamiento,
la verdadera razón de mis propios miedos.

ÍNDICE

Los labios rojos de ellas 9
Desde que aprendimos a dejarnos 11
El día va derrumbándose 12
He construido un mundo sobre el silbido 13
Bajo nosotros se agita el verbo 14
Entibia dulce el corazón 15
Despierto contando las horas 16
No temo desarmarme ante la luz de sus ojos 17
Bajo la oscuridad de la luna nueva 18
Frente a cuanto se va llevando tras de sí la tarde 19
Todo lo que edificas termina derrumbándose 20
Desnudos, sentados uno frente a otro 21
He de perecer entre sus manos 22
"Volveré por mí sola, sin presiones, o no volveré" 23
Salgo de la palabra para caer en la nieve 24
He dejado caminos abiertos 25
Ella reunía varias historias en su vida. 26
Si abrazo la mañana puedo sentir la luz 28
Voy dejando los verbos en las orillas 30
Frecuento una particular relación con el insomnio 31
No he querido convertirme en su paisaje 32
Un logaritmo se escribe en una pizarra. 33
Ando despacio por el hueco de su corazón 34
La tarde del domingo se ancla en mi espalda. 35
Esa línea azul asemeja el andar de sus caderas 36
Sobre la nieve recién caída 37
He retrasado mi marcha 38
Vuelve a mi memoria la noche de San Juan 39
Era sencillo escribirle con las palabras 40

Hasta mi sueño siempre llegaba algo de ella. 41
No olvido su voz inundando la estancia 42
Cuando estaba la mar picada 43
Siempre dejaba un rastro para que la encontrara. 44
Me hubiera gustado que me sintiera 45
Y abría su vestido de arriba abajo 46
He sumado las ausencias 47

Otros poemas 49
La escucho en la noche 51
He dejado en mi memoria 52
Prescindo de hablar de mí 53
Rebusco un poco 54
Nuestra cama era un colchón pequeño 55
Sin quererlo, solo rozándola con la yema de los dedos 56
Asomado al atardecer 57
Si he de alinearme con algo será con el paisaje. 58
En donde vengo 59
No hay demasiado que ofrecer 60
Si he de romper el ritmo de mi vida 61
Mi mano izquierda no sabe cómo recogerme 62
No sé dónde esconder 63

Esta primera edición de *Los labios rojos de ellas y otros poemas* de Fernando Sarría terminó de imprimirse en Antequera (Málaga) el 11 de julio de 2025, fecha en la que se conmemora el nacimiento de Hernán Rivera Letelier.

PUBLISHERSFORPALESTINE.ORG